Ce livre est dédié à Fathia

L'Arbre du Mage

Chloé Scialom

Dorothée Duntze

NATHAN

Sur la montagne, comme chaque siècle, le mage Aérien se concentrait pour découvrir l'être le plus pacifique de la planète. Il le ferait enlever et conduire dans une île peuplée de sages qui, quelques siècles auparavant, avaient vécu la même aventure. Soudain, le mage vit reverdir son petit arbre magique :

il avait enfin trouvé ce qu'il cherchait...

Paquita pénétra silencieusement dans la chambre bleutée. Elle souleva le bébé et le posa dans le landau près du chien, le chien, bien sûr, le plus pacifique du monde !

Puis elle sortit et marcha longtemps, poussant le landau dans les rues désertes. Paquita était une douce mamma noire, péruvienne, que le mage envoyait pour chercher ses « élus » et les emmener dans l'île merveilleuse.

Le chat de la maison avait vu Paquita et tout deviné.
Entrant dans la chambre, il y découvrit ce dont il avait besoin :

une poupée ailée, un ours en peluche,
un clown, une chaise.

Il peignit une mappemonde sur la chaise et y dessina une croix, dans le Pacifique Sud, en espérant que la mère du bébé comprendrait.

Sur le bateau, Mme Pipo se rappelait son angoisse devant le berceau vide. Maintenant, elle allait chercher dans le Pacifique Sud... Mais voici que deux flamants roses s'approchèrent et lui dirent :

– Le mage nous envoie pour vous aider. Retenez ceci : cent quarante-deux degrés de longitude ouest, trente-huit degrés de latitude sud.

Mme Pipo sourit : tout devenait simple.

Cependant, dans l'île merveilleuse, une sirène, dans sa baignoire, chantait. Un ours l'accompagnait.

– Notre nouvel élu, dit l'ours, est, paraît-il, bien jeune.
Il faudra que j'accélère sa croissance
si l'on veut lui apprendre à voler bientôt : sa mère
sera encore plus contente quand elle viendra nous voir.

Les flamants, qui venaient d'arriver, approuvèrent malicieusement.

À ce moment, Paquita arriva avec le bébé.
L'ours le fit asseoir, prit un petit pot et une cuillère, lui donna une cuillerée de potion. L'enfant l'avala ; déjà il était un petit garçon d'environ quatre ans.

– Après-demain, dit en souriant le clown voltigeur,

il sera un adolescent de quatorze ans.

6

Non loin de là, dans l'île merveilleuse,
deux Indiens achevaient de coudre ensemble
des plumes blanches qui venaient de tomber du ciel.
Ils chuchotaient avec admiration :

– Jamais le mage ne nous avait envoyé d'aussi jolies plumes.
Demain, quand le garçon volera, Mme Pipo trouvera les ailes
si belles qu'elle nous fera confiance.

7

– Maintenant, dit le clown voltigeur, notre « élu » a huit ans. Il y a quelques minutes qu'il apprend à voler et, déjà, il s'élance dans le ciel. Mais regardez qui arrive...

Ne serait-ce par la mère du petit ? Elle paraît très étonnée. Je vais lui dire qu'une surprise l'attend pour demain et lui montrer sa chambre.

Le lendemain, l'ours, le clown et Paquita rendirent visite à Mme Pipo. Celle-ci leur demanda ce que devenait son fils. On lui raconta toute l'histoire. Puis on lui dit que son fils, bien vivant, allait jouer pour elle.

Il fut merveilleux :

il exécuta d'incroyables numéros de voltige et sa mère fut aussi heureuse qu'étonnée.

4
3
2

Quand le spectacle fut terminé, la mère embrassa son fils qui avait maintenant quatorze ans et remercia ses nouveaux amis :
– Vous avez été très gentils mais maintenant, nous repartons, mon fils et moi.

Gêné, le clown expliqua :
– Impossible, il est trop heureux désormais, il serait triste parmi les hommes.

Mme Pipo avait compris : elle n'insista plus.

Le soir venu, Mme Pipo grimpa sur un arbre
pour se rapprocher du jeune homme qui évoluait dans le ciel :

– Je n'ai vraiment pas eu le temps de te connaître
depuis que tu es sorti de mon ventre. Mais je reviendrai te voir,
de cet arbre, chaque année...

Cet arbre était précisément l'Arbre du Mage.
Le savait-elle ?

N° d'Éditeur : A 46354
Dépôt légal : avril 1989

Impression et reliure :

Pollina s.a. - 85400 Luçon

N° d'impression : 11150
ISBN - 2-09-220 250-2